EXTRA
wissen

Einzigartige Tiere

Susan Mayes
Andrew Peters

D1629122

Ravensburger Buchverlag

DAS GIBT'S DOCH GAR NICHT

Sicher gibt es da, wo du wohnst, irgendwelche Tiere, vielleicht einen Hamster oder einen Spatz, der auf der Fensterbank landet. Jedes Tier ist etwas Besonderes. Aber du solltest erst einmal die außergewöhnlichen Tiere sehen, die in allen Teilen der Welt leben. Auf den folgenden Seiten hast du die Möglichkeit, einige der seltsamsten und wunderbarsten Tiere kennen zu lernen.

Schwing dich mit unseren gefiederten Freunden in die Lüfte und erlebe den Traum vom Fliegen oder bewundere einfach nur ihr prachtvolles Gefieder.

Nimm all deinen Mut zusammen und betrachte einige der herumkriechenden Mini-Monster, die du so eklig findest, einmal ganz genau. In Großaufnahme sehen sie einfach unglaublich aus.

afrikanischer Mondspinner

In der Wildnis ist Essen eine Frage von Leben und Tod. Du wirst dich wundern, was manche der hungrigen Jäger vertilgen können!

Pfeilgiftfrosch

Und dann gibt es noch die Baumeister unter den Tieren. Sie sind erstaunlich geschickt und bauen fantastische Nester für sich und ihre Jungen.

Seepferdchen

Auch in den Gewässern der Erde lebt eine Vielzahl an unheimlichen, großen oder wunderbaren Tieren.

Nest

Mach dich lang und recke dich nach oben, damit du ein paar unglaublich lange, staksige Kreaturen besser betrachten kannst.

Ara

Überall auf der Erde, von den Regenwäldern bis zu den eisigen Wüsten, findest du wunderschöne Tiere. Vertiefe dich in dieses Buch und du wirst sie entdecken.

3

FANTASTISCHE FEDERN

Einige unserer gefiederten Freunde haben unscheinbares, unauffälliges Gefieder, aber es gibt auch Vögel, die ein prächtiges Federkleid zur Schau stellen.

Federformen

Jeder Vogel hat vier verschiedene Federformen: Daunen, Körperfedern, Schwanzfedern und Schwungfedern. Jede erfüllt eine andere Aufgabe.

Daunen sind weiche, zarte Federn direkt auf der Haut. Sie bilden ein wärmendes Luftpolster.

Körperfedern haben viele verschiedene Formen und Größen. Manche isolieren und bedecken den Körper, andere schrecken Feinde ab oder locken Partner an.

Daunen des afrikanischen Graupapageis

Schwanzfedern werden zum Steuern beim Flug oder zum Balancieren beim Sitzen gebraucht, oder sie sollen einfach nur beeindrucken.

Schwanzfedern des Pfaus

Mit den Schwungfedern können Vögel fliegen. Sie sind kräftig, leicht und biegsam.

Schwungfeder des Aras

Schwungfeder eines Papageis

Schnatternde Punks

Viele der prächtigsten Vögel der Erde leben in den Baumkronen der Regenwälder. Haubenschild-Turakos bilden kleine, laute Gruppen. Schnatternd und krächzend laufen sie über die Zweige und präsentieren ihren Irokesenkopfschmuck.

*weiblicher
Edelpapagei*

Hübsche Papageien

Es gibt drei Gruppen von Papageien: Loris, Kakadus und Papageien. Sie haben nicht nur auffallend buntes Gefieder, sondern machen auch durch schrilles, kreischendes Geschrei auf sich aufmerksam. Männliche und weibliche Papageien sehen meist gleich aus, aber bei den Edelpapageien sind die Geschlechter völlig unterschiedlich.

*männlicher
Edelpapagei*

Scharlachrote Pracht

Die Sümpfe Südamerikas sind die Heimat ganzer Scharen von Roten Sichlern. Jungvögel haben im ersten Jahr graubraune Rücken; werden sie erwachsen, verwandelt sich das ganze Gefieder in ein schillerndes Rot.

KUNSTFLIEGER

Zwar können fast alle Vögel fliegen (nur wenige können dies nicht), aber manche sind echte Kunstflieger. Sie schweben, gleiten, machen Sturzflüge und segeln … was immer du dir nur vorstellen kannst!

Gefiederte Hubschrauber

Kolibris können im Flug stehen bleiben. Sie schweben vor einer Blüte und trinken den Nektar. Als einzige Vögel können sie auch seitlich, vorwärts und rückwärts fliegen.

Die Bewegung der Kolibriflügel ist kaum zu sehen.

Vorsicht da unten!

Der Wanderfalke ist der schnellste Vogel der Erde. Im Sturzflug schießt er mit unglaublichen 350 km/h auf andere Vögel herab. Keine Chance für das hilflose Opfer!

Kaum zu glauben …

Der Sonnenstrahlkolibri hält den Rekord im Flügelschlagen. Seine Flügel schlagen 90-mal pro Sekunde!

Vorsicht Diebe!

Fregattvögel sind darauf spezialisiert, anderen Seevögeln die Beute abzujagen. Sie führen Scheinangriffe, bis die Opfer ihre Beute fallen lassen, um sich selbst in Sicherheit zu bringen. Die Beute wird dann noch in der Luft von dem Angreifer blitzschnell geschnappt.

Neuweltgeier

Der Anden-Kondor ist der schwerste Greifvogel der Erde. Er segelt über die Gipfel der Berge und hält Ausschau nach toten oder verletzten Tieren.

Flügelpower

Der Albatros lebt auf den offenen Meeren der südlichen Halbkugel. Von allen Vögeln beherrscht er den Segelflug am besten. Der größte, der Wanderalbatros, hat eine Flügelspannweite von 3,25 m.

Flecken und Streifen

Trägst du auffällige Kleidung, um dich von anderen in der Menge zu unterscheiden? Die lebhaften Muster mancher Tiere bezwecken genau das Gegenteil: Sie sind dann kaum von der Umgebung zu unterscheiden, sie sind getarnt.

Schwarz und weiß

Glaubst du, dass Zebras mit ihren auffälligen Streifen eine leichte Beute für die Löwen sind? Ganz im Gegenteil: Wenn Löwen die unzähligen schwarzen und weißen Streifen vieler Zebras sehen, fällt es ihnen schwer, sich auf ein einziges Opfer zu konzentrieren.

Kaum zu glauben …

Es gibt keine zwei Zebras mit demselben Streifenmuster. Sie erkennen sich untereinander an ihren Fellmustern.

Gesprenkelte Babys

Junge Rehe, die Kitze, sind nach der Geburt völlig hilflos. Sie bleiben ganz ruhig im Unterholz liegen. Ihr Fell ist gesprenkelt und sieht aus wie Lichtflecken der Sonne … kein lohnendes Ziel für ein Raubtier.

Streifentrick

Im freien Feld ist ein Tiger mit seinen schwarzen und rötlichen Streifen gut zu erkennen. Aber wenn er sich im hohen, von der Sonne gesprenkelten Gras anschleicht, haben seine Opfer kaum eine Chance, ihn zu bemerken.

Gefleckte Katzen

Jaguar, Ozelot und Leopard sind Katzen mit wunderschön geflecktem Fell. Leider sehen das auch viele Menschen so, daher wurden viele Tiere abgeschossen und ihr Fell zu Pelzmänteln verarbeitet.

Jaguar   *Ozelot*   *Leopard*

Jaguar

BLITZSCHNELLER FARBWECHSEL

Es gibt einige außergewöhnliche Kreaturen, die ihre Farbe verändern können. Auf diese Weise passen sie sich jedem Untergrund an, verstecken sich vor Angreifern oder überraschen unvorsichtige Opfer. Eine geniale Strategie!

Farbwunder Chamäleon

Dringt jemand in das Revier (so heißt der Ort, den ein Tier bewohnt) eines Chamäleons ein, dann reagiert es verblüffend: Seine Farbe wird kräftiger und auffallender; außerdem bläst es sich auf, um bedrohlicher auszusehen.

Wie geht das?

In der Haut eines Chamäleons gibt es besondere Zellen mit Farbstoffen (Pigmenten). Zellen mit dunkleren Pigmenten liegen tiefer in der Haut. Lässt sich ein Eindringling blicken, schießen die Farben in die Haut des Chamäleons, und … Überraschung … es wechselt die Farbe!

Plattfische

Plattfische schwimmen dicht am Meeresgrund. Da sie nicht besonders aktiv sind, nutzen sie ihre Fähigkeit, Farben und Muster ihres Körpers zu verändern: Sie tarnen sich, wenn sie auf Beute lauern und schützen sich durch Tarnung davor, selbst gefressen zu werden. Plattfische können sich fast jedem Untergrund anpassen.

Kaum zu glauben …

Der Tintenfisch ist Weltmeister der schnellen Farbveränderung. Wenn er über unterschiedliche Böden schwimmt, verändert er dauernd seine Farbe. Noch unheimlicher wirkt das, wenn alle Tiere eines Schwarms gleichzeitig die Farbe wechseln.

Rascher Farbwechsel

Der Krake ist ein scheues Tier. Die meiste Zeit versteckt er sich in Spalten und lauert auf vorbeischwimmende Opfer. Fürchtet oder ärgert er sich, ändert er sofort die Farbe.

Krake

Spannendes unter der Lupe

Hast du dir schon mal eine Wespe, eine Fliege oder eine Spinne ganz genau angesehen? Das ist wirklich spannend. Noch spannender sehen sie unter der Lupe aus … ganz nah und groß. Trau dich einfach, los geht's!

Vorsicht, gefährlich!

Die Kauwerkzeuge einer Ameise sehen zum Fürchten aus. Mit diesen kräftigen Mandibeln beißen und zerreißen sie Beute und Feinde.

Mit den Zacken auf ihren Mandibeln kann die Bulldoggenameise sicher zupacken.

Haarige Tarantel

Hier kommt eines der Furcht erregendsten Tiere … die Tarantel. In Wirklichkeit ist sie zwar sehr scheu, aber sieht sie deswegen weniger unheimlich aus? Obwohl Taranteln acht Augen haben, sehen sie nicht besonders gut. Sie verlassen sich auf ihre empfindlichen, haarigen Beine. Damit bemerken sie anrückende Gefahr oder lohnende Beute.

Taranteln beißen nur zur Selbstverteidigung.

Hundertfüßer

Vielbeinige Krabbler

Einen Hundertfüßer, der über den Boden kriecht, kannst du gut sehen, aber erst unter der Lupe gelingt es dir, seine Beine zu zählen. Hat er wirklich 100 Beine? Prüf' es nach: eins, zwei, drei, vier …

Super-Rüssel

Erst in dieser Nahaufnahme erkennst du den mächtigen, gekrümmten Rüssel des Rüsselkäfers. Mit winzigen Kiefern an der Spitze beißt er Stücke aus Blättern und Pflanzen heraus.

Rüsselkäfer

Stubenfliegen

Wenn du sehen könntest, wie eine Stubenfliege Verdauungsflüssigkeit über offen stehende Lebensmittel verteilt und sie dann aufsaugt, würdest du nie wieder Nahrungsreste einfach liegen lassen!

13

GROSS UND STAKSIG

Ein langer Hals und lange Beine können ein großer Vorteil bei der Nahrungssuche sein. Hier findest du einige dieser besonderen Exemplare.

Lang, länger …

Giraffen sind die höchsten Tiere. Dank des langen Halses erreichen sie die hohen Baumwipfel der afrikanischen Savannen, wo sie leben. Sie fressen Blätter, die kein anderes Tier vom Boden aus erreichen kann.

Zusammen mit den langen Beinen bringen es die Giraffen auf rund 5 m Höhe. Außerdem sind lange Beine gut, um vor Feinden wegzulaufen.

Giraffen haben …

- eine merkwürdige Art, miteinander zu kämpfen: Sie setzen ihren Hals dazu ein.

- ein extra großes Herz, um das Blut bis in den Kopf zu pumpen.

- nur sieben Halswirbel; jeder ist rund 30 cm lang.

Ausgestorbene Langhälse

Ähnlich wie die heutigen Giraffen hatten auch manche Dinosaurier besonders lange Hälse. Damit konnten diese friedlichen Pflanzenfresser die höchsten Wipfel urzeitlicher Bäume abknabbern.

Supervogel

Der Strauß ist der größte und schwerste Vogel der Erde. Er wird bis zu 2 m hoch und bis zu 150 kg schwer. Er legt auch die größten Eier, nämlich 15 cm lange und 1,5 kg schwere. Aber fliegen kann der Strauß nicht, dazu ist er zu schwer.

Marabu

Strauß

Flamingo

Wundervolle Watvögel

Langbeinige Vögel wie der Flamingo oder der Storch waten mit stelzenähnlichen Beinen ins tiefe Wasser. So kommen sie an Leckerbissen, die kein anderer Vogel erreicht.

Mächtiger Appetit

Hier siehst du ein paar hungrige Jäger, die in der Wildnis zu Hause sind.

Afrikanische Wildhunde

Afrikanische Wildhunde leben und jagen in Rudeln von bis zu 30 Tieren. Man hat aber auch schon Rudel mit 90 Hunden gesehen.

Ist die Beute erlegt, stopfen sie sich mit Fleisch voll. Dann kehren sie zu den jungen und ganz alten Hunden zurück und würgen etwas von dem Fleisch wieder aus. So werden alle satt.

Gierige Schlangen

Vielleicht glaubst du, Schlangen könnten nur dünne, lange Beute fressen. Falsch!

Die afrikanische Eierschlange kann Eier verschlingen, die doppelt so dick sind wie ihr Körper. Man kann sehen, wie der Brocken herunterrutscht.

Kaum zu glauben …

Um zu überleben, muss die amerikanische Zwergspitzmaus täglich fast so viel fressen, wie sie wiegt. Stell dir das bei den Menschen vor!

vor dem Mahl

Tiefseeangler

Dieser Furcht erregende Tiefsee-Angelfisch lebt in den tiefsten Tiefen der Ozeane.

Mit einem besonderen Leuchtorgan lockt er Beute an. In seinem dehnbaren Magen hat man schon Fische gefunden, die doppelt so groß waren wie er selbst.

nach dem Mahl

Riesige Beute

Schwertwale sind furchtlose Jäger, die in Gruppen (Schulen genannt) auf die Jagd gehen. Sie fressen fast alles, während andere Meeressäugetiere (warmblütige Tiere, die ihre Jungen mit Muttermilch aufziehen) viel wählerischer sind. Zu ihrem Speiseplan gehören Tiere, die zehnmal größer sind als sie selbst.

Schwertwal

WAS FÜR SCHNÄBEL!

Alle Vögel haben einen Schnabel. Damit fressen sie, putzen und ordnen ihr Gefieder und bauen ihre Nester. Der Speisezettel bestimmt die Form des Schnabels.

Tock, tock, tock …
Jeder kennt das laute, hämmernde Geräusch der Spechte, wenn sie mit dem Schnabel auf totes Holz klopfen. So markieren sie ihr Revier, schlagen Nisthöhlen in Baumstämme und suchen nach Käferlarven.

Die Außenseite des Schnabels besteht aus Keratin (Horn) – genau wie deine Fingernägel.

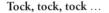

Tukan

Groß und bunt
Der riesige, farbige Schnabel des Tukans ist weniger schwer und lästig als er aussieht. Tatsächlich ist er hohl, leicht und damit ein präzises Werkzeug, um nach der Lieblingsnahrung der Vögel zu picken: nach Passionsfrüchten, Beeren und anderen weichen Früchten und Samen.

Mehrzweckschnabel

Der Schnabel eines Papageis ist
ein Mehrzweckwerkzeug. Mit
der Spitze zieht er die weichen
Teile aus einer Frucht heraus,
die kräftigen Kanten am
Schnabelansatz werden wie
ein Nussknacker eingesetzt.
Papageien können ihre Nahrung mit den Füßen festhalten
und herumdrehen.

Ara

Krummschnabel

Der Große Brachvogel ist ein Watvogel
mit langem, gekrümmtem Schnabel.
Damit stochert er tief im Schlamm herum
und zieht Weichtiere und Würmer heraus,
die andere Vögel nicht erreichen können.

Dehnbare Tasche

Unter dem Schnabel des Pelikans sitzt eine große
Tasche, mit der er Fische fangen und transportie-
ren kann. Der Schnabel fasst mehr Fische als der
Magen des Vogels.

Fleisch herausreißen

Geier sind sehr nützlich: Sie verzehren die Reste
toter Tiere. Mit ihren Hakenschnäbeln reißen
und zerren sie an dem Kadaver.

*Geier stecken
ihren langen
Hals ins
Innere eines
toten Tieres,
um zu fressen.*

Balzgehabe

Während der Paarungszeit versuchen Tiere, einen Partner zu beeindrucken – manche mit besonderen Tricks. Viele Signale der Männchen locken gleichzeitig Weibchen an und sollen andere Männchen verscheuchen.

Gefalle ich dir?

Die Paradiesvögel sind berühmt für ihre prachtvolle Balz. Männliche Blaue Paradiesvögel öffnen die Flügel und beugen sich nach vorn, bis sie kopfunter mit den Füßen an einem Ast hängen. Dann fächern sie ihre Schwanzfedern auf. Hallo, meine Schöne!

Aufgeblasen

Anolisleguane bewohnen die Tropen Süd- und Mittelamerikas. Dank ihrer Färbung sind sie zwischen Blättern und Zweigen gut getarnt. Sobald sie jedoch ihren grellroten Kehlsack aufblasen, werden sie sofort von den Weibchen entdeckt.

Anolisleguan

männlicher Fregattvogel

Auch der männliche Fregattvogel hat einen aufblasbaren roten Kehlsack. Er kann ihn wie einen riesigen Ballon aufblasen und damit Weibchen stundenlang imponieren.

Federfächer

Männliche Pfauen sind berühmt für das prächtige Schauspiel, mit dem sie Weibchen beeindrucken. Sie breiten ihre farbenprächtigen Schwanzfedern zu einem riesigen, schimmernden Fächer aus. Nimmt das Weibchen keine Notiz von ihm, lässt der Pfau den Schwanz sinken und zieht ihn als Schleppe hinter sich her.

männlicher Pfau

Wer ist der Stärkste?

Zur Paarungszeit stellen sich männliche Wüstenwarane auf die Hinterbeine und ringen miteinander. Jeder versucht, den anderen umzuschubsen. Wer umfällt hat verloren – der Sieger bekommt das Weibchen.

Balztanz

Renntaucherpärchen führen vor der Paarung einen außergewöhnlichen Balztanz auf. Dabei richten sie sich akrobatisch auf und rasen über die Wasseroberfläche.

Warnung an alle

Das Leben wilder Tiere ist voller Gefahren. Werden sie bedroht oder erschreckt, signalisieren viele von ihnen „Hau ab!" durch ein besonderes Verhalten. Damit senken sie das Risiko, in einen Kampf verwickelt oder verletzt zu werden.

Haarsträubend

Wenn Katzen ihr Fell sträuben, wollen sie besonders groß und Furcht erregend aussehen, um Feinde abzuschrecken. Wenn sie dann noch buckeln und fauchen, zeigen sie ganz deutlich: „Hau ab!"

Komm mir nicht zu nah!

Der Igelfisch kann nicht nur Stacheln aufstellen, um Angreifer abzuschrecken, sondern sich auch wie ein Ballon aufblähen. Damit wird er viel zu groß, um von normalen Raubfischen verschluckt zu werden. Ausgetrickst!

Igelfisch

Drohgebärde

Ein gähnender Gorilla hat
ganz anderes im Sinn als ein
kleines Schläfchen. Fühlt
sich ein Gorilla gereizt oder
bedroht, reißt er sein Maul zu
einem mächtigen Gähnen auf
und zeigt die scharfen Zähne.

Lass mich in Ruhe!

Die australische Kragenechse
zeigt ein besonders spekta-
kuläres Warnverhalten. An
ihrem Hals sitzt ein großer,
lockerer Hautlappen. Bei
Gefahr richtet die Echse ihren
Hautlappen zu einem großen,
runden Kragen auf, der vier-
mal so breit wie ihr Körper
sein kann.

*Warnverhalten
der Kragen-
echse*

Designer-Häuser

Manche Tiere sind unglaublich geschickte Baumeister. Sie bauen sich wunderbare Wohnungen, um darin ihre Jungen aufzuziehen.

Laubenvögel
Der männliche Seidenlaubenvogel baut eine Laube (Schutzdach aus Blättern) auf dem Waldboden. Davor legt er eine Allee aus Zweigen an, die er mit Holzkohle und Speichel schwarz färbt. Dann schmückt er seine Wohnung mit Federn, Steinen oder Blumen – am liebsten in Blau. Taucht ein Weibchen auf, imponiert er ihr, indem er herumlärmt und ihr seine schönsten Stücke im Schnabel vorzeigt.

Weben und Knoten
Die westafrikanischen Webervögel bauen ein wunderbares, trompetenförmiges Nest aus verflochtenen und verknoteten Grashalmen. Tatsächlich, sie knoten! Sie schlingen die Knoten aus Gras mithilfe von Schnabel und Füßen.

Im runden Teil des Nestes leben die Jungen.

Den trichterförmigen Eingang können Schlangen nur schwer überwinden.

Viel Glück

Weißstörche bauen ihre Nester auf Bäumen oder Häusern. Die Vertiefung in der Nestmitte polstern sie mit Zweigen und Gras aus.

In vielen Teilen Europas glauben die Menschen, dass Weißstörche Glück bringen. Daher bringen sie auf ihren Häusern Plattformen für die Storchennester an.

Papierdünn

Jeden Frühling beginnen die Wespenköniginnen mit dem Bau eines neuen Nestes für ihre Eier. Aus zerkautem Holz stellen sie „Papier" her. Jedes Nest enthält Zellen für die Eier und wird nach außen durch extra Lagen geschützt.

Wolkenkratzer für Millionen

Termiten sind Insekten, die wundervolle Nester für bis zu fünf Millionen Einwohner bauen! Das Nest afrikanischer Termiten beginnt unter der Erde und erhebt sich in schirmartigen Lagen über den Boden. Die Wände bestehen aus winzigen Erdkügelchen, die mit Speichel verklebt werden.

Der Bau afrikanischer Termiten

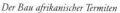

ERSTAUNLICHE LURCHE

Lurche sind Wirbeltiere (Tiere mit einer Wirbelsäule). Man nennt sie auch wechselwarm, weil sich ihre Körpertemperatur immer an die Temperatur der Umgebung anpasst. Die meiste Zeit verbringen sie an Land, legen ihre Eier aber im Wasser ab.

Spezialhaut
Lurche scheiden über ihre Haut einen klebrigen Schleim aus. So bleibt die Haut feucht und wird vor Verletzungen geschützt.

Tomatenfrösche sind eine bedrohte Tierart.

Mahlzeit!
Lurche fressen fast alles, was sie verschlucken können: Spinnen, Schnecken, Regenwürmer und Insekten schmecken ihnen besonders gut.

Wenn es viel Nahrung gibt, fressen sie alles, was sie fangen können. Gibt es weniger Beute, leben sie von ihren Vorräten im Körper.

Der bunte Hornfrosch fängt andere Lurche und Mäuse mit seinem großen Maul.

Laubfrösche

Die meisten Laubfrösche leben in den Bäumen des tropischen Regenwaldes. Sie haben klebrige Polster an Füßen und Händen, um auf den glatten Blättern nicht auszurutschen.

Grün ist eine gute Tarnfarbe zwischen den Blättern.

Giftige Frösche

Pfeilgiftfrösche aus Süd- und Mittelamerika gehören zu den buntesten Lurchen. Durch ihre Farben kennzeichnen sie ihr Revier und warnen Raubtiere: „Vorsicht, ich bin giftig!"

klebrige Polster

Pfeilgiftfrosch

Schwanzlurche

Salamander, Wasser- und Armmolche haben einen Schwanz. Manche leben an feuchten Stellen auf dem Land, einige in Bäumen und andere verbringen ihr ganzes Leben im Wasser.

Feuersalamander

BESONDERE JAGDWERKZEUGE

Wenn du das nächste Mal vor einem gefüllten Teller sitzt, dann denk auch mal an die wilden Tiere, die sich ihre Nahrung selbst fangen müssen. Hier sind Tiere beschrieben, die mit sehr wirkungsvollen Zähnen oder einer besonderen Zunge ihre Beute fangen.

Chamäleons

Die Zunge eines Chamäleons ist so lang wie Schwanz und Körper zusammen! Sie bleibt zusammengerollt im Mund, bis ein Insekt vorbeikommt. Plötzlich schleudert das Chamäleon seine Zunge heraus und fängt die Beute mit der klebrigen Spitze.

Nektarsauger

Schmetterlinge und Motten benutzen ihre unglaublich langen, röhrenförmigen Zungen („Rüssel"), um Nektar aus Blüten zu saugen. Sie strecken den Rüssel aus und saugen den nahrhaften Blütennektar ein. Zwischen den Mahlzeiten rollen sie den Rüssel unter dem Kopf zusammen.

ausgestreckter Rüssel

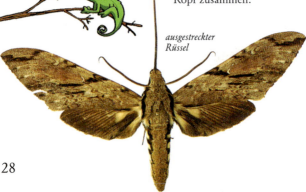

Krokodile

Krokodile lauern in Flüssen, bis Tiere zum Trinken kommen. Dann packen sie ihr Opfer, zerren es ins Wasser und ertränken es.

Die Zähne des Krokodils sind perfekte Werkzeuge, um nach Beute zu schnappen, eignen sich aber schlecht zum Schneiden und Kauen. Daher muss das Krokodil die Beute in Stücke reißen.

Haie

Haie verlieren dauernd ihre Zähne. Sind die Vorderzähne abgenutzt, wachsen neue aus einer Reihe dahinter nach. Jede Haiart hat anderes geformte Zähne – je nach ihrer Beute.

┌─ **Kaum zu glauben** … ─────────────────
│ Während seines Lebens verbraucht ein Hai tausende von
│ Zähnen.
└──

SONDERLINGE DES OZEANS

In den Meeren der Welt leben einige wirklich unglaublich aussehende Tiere.

Seekühe

Dugongs und Manatis sind langsame, mollige Wassertiere mit schweren Köpfen und fleischigen Mäulern. Diese scheuen, sanften Kreaturen leben in warmen Gewässern und werden auch Seekühe genannt. Als Säugetiere müssen sie zum Atmen auftauchen.

Manatis leben in Flüssen und küstennahen Gewässern. Sie können 10–15 Minuten unter Wasser bleiben.

Manati

Dugong

Dugongs leben von Seegras und graben besonders gern die leckeren Wurzeln aus. Sie leben in Herden von mehreren hundert Tieren, sind aber in ihrem Bestand bedroht, weil die Gewässer zunehmend verschmutzen.

Seepferdchen

Seepferdchen

Seepferdchen sind elegante Meerestiere. Sie schwimmen aufrecht, indem sie mit ihrer Schwanzflosse 20–35-mal pro Sekunde schlagen. Man findet sie zwischen Korallen, Seegräsern und Tang. Manchmal verankern sie sich mit ihrem Schwanz an Pflanzen.

> **Kaum zu glauben** …
>
> Männliche Seepferdchen tragen in einer Tasche die Eier der Weibchen, bis die Jungen ausschlüpfen.

Die flache, schleimige Meeresschnecke kriecht über Seegräser.

Meeresschnecken

Manche Meeresschnecken sehen aus wie ein Blatt Salat. Sie leben auf Korallenriffen und fressen winzige Algen, die ihnen die kräftige grüne Farbe verleihen.

Bunte Gurken

Auch die Seegurke – ein Tier, kein Salat! – lebt im Korallenriff. Sie fängt kleine Nahrungsteilchen mit ihren klebrigen Tentakeln aus dem Wasser. Dann zieht sie die Tentakeln in den Mund und verzehrt die Nahrung.

Tentakel um den Mund

feste Haut

Noch mehr Sonderlinge

Schau dir auch diese Sonderlinge aus den Meeren an. Betrachte sie aus der Nähe und staune.

Vielarmiger Jäger
Kraken verstecken sich tagsüber in einer Felsspalte und gehen in der Nacht auf die Jagd, zum Beispiel nach Krebsen. Sie pirschen sich an und umschlingen ihre ahnungslosen Opfer mit den Armen.

Welch ein Outfit!
Die Gepäckträgerkrabbe bedeckt ihren Körper mit Pflanzen- und Schwammteilen vom Meeresboden. Feine Borsten halten die zahlreichen Teilchen fest.

*Gepäckträger-
krabbe*

Glibberige Biester
Quallen haben weder ein Gehirn noch ausgeprägte Sinnesorgane wie Augen. Sie bewegen sich langsam und verlassen sich zur Verteidigung auf nesselnde Stacheln. Besonders gefährlich sind die Würfelquallen, die in den Meeren vor Nordaustralien und Südostasien schwimmen. Wird ein Mensch gestochen, kann er innerhalb von fünf Minuten sterben.

Ritterrüstung

Der Hummer hat eine harte, mit Gelenken verbundene Schale, die ihn stützt und schützt. Wachsende Hummer müssen von Zeit zu Zeit ihre alte Schale abwerfen.

Scheren mit dicker Schale

Durch Gelenke wird der Panzer beweglich.

Seeanemonen

Die Seeanemonen gleiten mit ihrem muskulösen Fuß über die Felsen. Sie sehen aus wie Blumen und haben viele wunderschöne Farben. Lass dich nicht täuschen! In den zahlreichen Tentakeln sitzen Stechzellen, um Beutetiere zu vergiften. Dann werden sie in den Mund gezogen.

Der Mund sitzt in der Mitte des Körpers.

Ungewöhnliche Fische

Fische sind hervorragend an das Leben unter Wasser angepasst. Wir kennen etwa 20 000 verschiedene Arten.

Rochen
Rochen sind flach, gehören aber nicht zu den Plattfischen, sondern sind merkwürdige Verwandte der Haie. Sie liegen flach und gut getarnt auf dem Meeresboden. Sie fressen Fische, Seesterne und Würmer.

Blauflecken-Stechrochen

Schwimmende Schmetterlinge
Gauklerfische haben wunderschöne Farben und Muster. Vielleicht denkst du nun, sie wären besonders auffällig. Da sie jedoch zwischen Korallen leben, fallen ihre Farben überhaupt nicht auf und verwirren jeden Angreifer.

Goldschwanzgaukler   *Pfauenaugengaukler*

Ein schleimiger Geselle

Der grellbunte Mandarinfisch bildet in seiner Haut einen gefährlichen Schleim. Der schmeckt und riecht so fürchterlich, dass Keime absterben und große Fische abgeschreckt werden.

Mandarinfisch

Keil in der Spalte

Der Schweinsdrückerfisch kennt einen besonders raffinierten Trick, um sich vor Fressfeinden zu schützen. Der erste Zacken seiner Rückenflosse ist gezähnt wie eine Feile. Spürt er eine Gefahr, schwimmt er in eine Felsspalte, stellt den Flossenzacken hoch und klemmt sich fest. Schlechte Karten für jeden Angreifer!

Ganz schön giftig

Einige der schönsten Tiere können tödlich sein. Ihre Muster und Farben zeigen ihre Giftigkeit an und sind eine wichtige Überlebenshilfe, sowohl für das Tier selbst wie auch für die Angreifer.

Lass dich nicht mit mir ein!

Der Rotfeuerfisch sieht schön und elegant aus, aber seine Körperstreifen sind mehr als nur Schmuck. Die langen Flossenstacheln sind giftig und die Farben wirken wie ein Signal: „Vorsicht, ich bin giftig!" Jeder Räuber, der sich an einen Rotfeuerfisch wagt, wird dies nicht noch einmal tun … vorausgesetzt, er überlebt den Angriff!

Tödliche Mahlzeit

Der hübsch gefleckte Kugelfisch wird in Japan gegessen. Allerdings dürfen ihn nur besonders ausgebildete Köche zubereiten, denn manche Teile sind tödlich giftig. Trotz dieser Kochexperten kommt es immer wieder zu Unfällen: Menschen werden ernsthaft krank oder sterben nach einer solchen Fischmahlzeit.

Kugelfisch

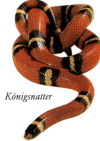

Königsnatter

Angeschmiert

Die prächtigen Farben der Königsnatter sind gleichzeitig ihr Schutz, denn diese Schlange sieht genauso aus wie die hochgiftige Korallenschlange. Davon lassen sich viele Raubtiere täuschen und verschonen diesen harmlosen Doppelgänger.

Tödlicher Frosch

Dieser so hübsch aussehende Pfeilgiftfrosch ist ein unangenehmer Genosse. Er ist so giftig, dass ein Mensch bereits nach einer Berührung sterben kann.

SCHMETTERLINGE UND MOTTEN

Es gibt mindestens 150 000 Motten-, aber nur rund 15 000 Schmetterlingsarten. Schmetterlinge sind häufig bunt gefärbt und fliegen vorwiegend am Tag. Die Motten sind nachts unterwegs und meist unauffällig gefärbt.

Ei

Raupe

Geburt eines Schmetterlings

Weibliche Schmetterlinge legen ihre Eier auf Pflanzen ab. Daraus schlüpfen Larven, die bei Schmetterlingen Raupen genannt werden.

Raupen fressen unentwegt und werden dabei größer und größer, sodass sie sich mehrmals häuten müssen. Schließlich verwandeln sie sich in eine Puppe. Innerhalb einer Hülle entsteht nun der Schmetterling.

Puppe

ausschlüpfender Schmetterling

Er schlüpft aus, breitet die Flügel aus, lässt sie trocknen und fliegt davon.

Prächtiger Anblick

Flügel und Körper der Schmetterlinge sind mit winzigen farbigen Schuppen bedeckt (rechts).

Leckere Kleider

Kleidermotten sind eine Plage, denn
sie mögen am liebsten Wolle. Im
Kleiderschrank machen sie sich über
deine Pullover her.

Kleidermotten

*Fühler des
Nachtpfauenauges*

Nachtflieger

Viele Motten haben eindrucksvolle, fedrige
Fühler. Damit können sie schmecken und
riechen.

Farbige Motten

Manche Motten, vor
allem die in Afrika,
Asien, Australien,
Süd- und Mittelame-
rika, sind genauso
bunt wie die Schmet-
terlinge.

*Uraniafalter aus
Jamaika*

Kaum zu glauben …

Motten gibt es schon seit 140 Millionen Jahren auf der Erde.
Dagegen sind Schmetterlinge wahre Jünglinge, denn sie
bringen es nur auf rund 40 Millionen Jahre.

ÜBERLEBENSKÜNSTLER AM POL

Nord- und Südpol gehören zu den kältesten
Orten der Erde. Der Nordpol ist vom eisigen
Nordpolarmeer umgeben, der Südpol liegt
mitten im ewigen Eis der Antarktis. Wie können
hier nur Tiere überleben?

Polarfuchs

Das Winterfell des Polarfuchses ist ideal für die eisigen Tem-
peraturen. Die Haare sind hohl und mit Luft gefüllt. Sie speichern die Körperwärme und halten das Tier schön warm.

Taucher im eisigen Meer

Pinguine sind flugunfähige Vögel, die hervorragend an das
Schwimmen im eisigen Meer angepasst sind. Die dicke Fettschicht unter der Haut und die wasserdich-
ten Federn halten sie an Land und im
Wasser warm.

Auch Seehunde bleiben dank Fettschicht
und dichtem Fell in den kalten arktischen
und antarktischen Wintern warm. Manche
Seehundarten müssen im Sommer sogar
aufpassen, dass sie nicht überhitzen.

Über die kleinen Ohren wird kaum Wärme abgegeben.

Ein dünner Film über den Augen hält die störenden Schneeflocken ab.

Die hohlen Haare speichern die Körperwärme.

Eisbären

Der Eisbär ist der größte Jäger der Arktis. Unter dem langen Oberfell sitzt ein dichtes Unterfell. Im Wasser kleben die Haare des Oberfells zusammen und bilden eine wasserdichte Schutzschicht. Die Fettschicht dient nicht nur als Wärmeschutz, in ihr speichert der Eisbär auch Vorräte für Notzeiten.

Rutschfeste Sohlen für Eisspaziergänge

41

Rüssel und Stosszähne

Stell dir vor, du hättest eine lange Nase – so empfindlich wie deine Finger. Und dir wären extrem lange Vorderzähne gewachsen, um dich zu verteidigen. Hier werden dir einige der wundervollen Tiere vorgestellt, die Rüssel oder Stoßzähne – oder beides – besitzen.

Elefanten

Elefanten sind stolze Besitzer von Rüsseln und Stoßzähnen. Mit dem Rüssel können sie fühlen, heben, ringen und fressen, aber auch Wasser aufsaugen, um sich oder andere Elefanten zu bespritzen.

Asiatischer Elefant

Ihre Stoßzähne aus Elfenbein benutzen Elefanten als Werkzeug oder zur Verteidigung. Manche kommen aber auch ohne sie aus: Weibliche Asiatische Elefanten haben keine Stoßzähne.

See-Elefanten

Männliche See-Elefanten haben eine riesige, weiche, rüsselartige Nase. Allerdings können sie damit nicht so viel anfangen wie ein Elefant. Erst während der Paarungszeit wird sie nützlich: Dann brüllen See-Elefanten durch ihre Nase wie durch einen Lautsprecher.

Walrosse

Walrosse sind die viel, viel größeren und dickeren Verwandten der Seehunde. Sie schwimmen mit ihren vier Flossenbeinen durch die arktischen Meere.

Ihre Stoßzähne sind die verlängerten oberen Eckzähne. Sie wachsen nach unten und können bis zu 1 m lang werden.

Mit den Stoßzähnen kann ein Walross größere Beutetiere aufspießen.

Narwale

Der Narwal gehört zu den Walen. Er hat zwei Vorderzähne. Beim Männchen wächst der linke Zahn zu einem Stoßzahn aus, der bis zu 3 m lang werden kann. Das ist mehr als die Hälfte seiner Körperlänge.

In dem harten Stoßzahn fließt Blut durch winzige Adern.

WUNDERBARE WALE

Wale sind Meeressäugetiere. Sie atmen den Sauerstoff, anders als Fische, nicht direkt aus dem Wasser, sondern sie müssen regelmäßig zur Wasseroberfläche aufsteigen. Weibliche Wale bringen lebende Junge zur Welt. Wale kommen in allen Meeren und in den fünf größten Flüssen der Erde vor.

Kaum zu glauben …

Am Tag seiner Geburt ist ein Blauwalbaby schon so groß wie ein Elefant. Es trinkt täglich 100 Liter Muttermilch und nimmt 90 kg zu.

Der Größte

Der Blauwal ist das größte Tier aller Zeiten. Er ist sogar größer als die mächtigen Dinosaurier der Urzeit.

Der Wal nimmt einen riesigen Schluck Wasser. Dann drückt er das Wasser durch die Barten (lange, kammartige Platten in seinem Maul) wieder heraus. Wie in einem Sieb bleibt die Beute an den Barten hängen.

Die Kehle kann sich bei einem Schluck Wasser durch Spalten weit ausdehnen.

Grauwale

Den Winter verbringen die Grauwale in den
warmen Gewässern vor der Nordwestküste
Mexikos. Im Frühling schwimmen sie
an der Küste entlang nach Norden
bis zum Meer vor Alaska, wo
es nun reichlich Nahrung
gibt. Im Herbst machen
sie sich auf die
Rückreise.

Grauwal

Gesang
der Buckelwale

Um ein Weibchen anzu-
locken, schweben männliche
Buckelwale (unten) bewegungslos
im Wasser und singen stundenlang
ihre Lieder. Jeder hat seine eigene
Melodie, die er Jahr für Jahr verändert.

Die Flossen des Buckelwals sind viel
länger als die anderer Wale. Damit kann
er auf die Wasseroberfläche platschen
und ein lautes Geräusch erzeugen.

45

TIERISCHE REKORDE

Zum Schluss noch ein paar bemerkenswerte
Fakten über Tiere. Wenn du dich mit deinen
Freunden unterhältst, kannst du davon erzählen
und zeigen, wie gut du dich in der Welt
der wilden Tiere auskennst.

Der schwerste Blauwal
Der Blauwal ist nicht nur das größte Tier aller
Zeiten, sondern auch sehr, sehr schwer. Das
schwerste, jemals gewogene Tier war ein
Weibchen von 190 Tonnen.

Das größte Landtier
Das größte lebende Landtier ist der
Afrikanische Elefant. Die größte
Höhe erreicht die Giraffe.

Das lauteste Landtier
Die Brüllaffen in Süd-
und Mittelamerika
sind die lautesten
Landtiere der Erde.
Wenn sie loslegen, ist
ihre Stimme noch in
16 km Entfernung zu
hören.

Die kleinsten Landtiere

Die Schweinsnasenfledermaus hat eine Flügelspannweite von nur 16 cm.

Das kleinste Landtier in der Länge ist die äthiopische Spitzmaus: Sie bringt es mit Kopf und Körper gerade mal auf 36–52 mm.

Nachwachsen

Naturschwämme sind Meerestiere. Lücken im Körper wachsen wieder zu. Aus einem kleinen Stück wächst sogar ein ganzer Schwamm nach. In Stücke zerbrochene Schwämme können zu einem neuen Schwamm zusammenwachsen. Das ist wirklich unglaublich!

Das schnellste Landtier

Der Gepard ist der Sprinter unter den Landtieren. Seine Spitzengeschwindigkeit liegt bei 96–101 km/h.

REGISTER

Erläuterungen: o = oben; u = unten; m = Mitte; l = links; r = rechts
Bildnachweis: Bryan & Cherry Alexander: 43r; American Museum of Natural History, New York: 44u; Heather Angel/Biofotos: Umschlagvorderseite ol, 14l, 38r; Bruce Coleman Ltd: 5u; E Bauer: 21m; Bob & Clara Calhoun: 33u; John Concatosa: 23r; Jeff Foott: 40u; Charlie Ott: 21u; Andrew Purcell: 8u; Robert Harding Picture Library: 37o; Global Pictures: 11u; Frank Lane Picture Agency/Eric & David Hosking: 20u; F Polking: 25o; Nature Photographers/MP Harris: 7u; NHPA/Harold Palo: 19u; Oxford Scientific Films: 6m; Kathie Atkinson: 12o; Mike Britchhead: 39o; D Fleetham: 45u; Planet Earth Pictures: 11m; Neville Coleman: 32u; Premaphotos/Preston-Mafham: Umschlagvorderseite ul, 13r; Zefa Pictures: 29u, 47u; Allstock: 40m; S Wayman: 9o.
Weitere Fotografen: Peter Anderson, Geoff Brightling, Jane Burton, Peter Chadwick, Geoff Dann, Philip Dowell, Neil Fletcher, Frank Greenaway, Colin Keates, Dave King, Cyril Laubscher, Mike Linley, Karl Shone, Harry Taylor, Kim Taylor, Jerry Young.

Die Deutsche Bibliothek – CIP-Einheitsaufnahme

Einzigartige Tiere / Susan Mayes; Andrew Peters [Übers.: Wolfgang Hensel]. –
Ravensburg: Ravensburger Buchverl., 1999
  (Extrawissen)
  Einheitssacht.: Weird and wonderful <dt.>
  ISBN 3-473-35827-4

© 1999 Ravensburger Buchverlag Otto Maier GmbH für die deutsche Ausgabe
Alle Rechte, auch die des auszugsweisen Nachdrucks,
der fotomechanischen Wiedergabe und der Übersetzung, vorbehalten
Titel der Originalausgabe: FUNFAX EYWITNESS Weird And Wonderful
© 1997 by Henderson Publishing Ltd., England
Übersetzung: Dr. Wolfgang Hensel · Redaktion: Ute Thomsen
Umschlaggestaltung: wg3, Reinhard Raich
Printed in Germany
ISBN 3-473-35827-4